AF360243

LA VIE
ET LEGENDE
DE
SAINTE MARGUERITE
Vierge & Martyre.

A TROYES,
Chez la Véve JACQUES OUDOT,
ruë du Temple. 1717.

LA VIE ET LEGENDE

de Sainte Marguerite Vierge & martyre, corrigée & révüe selon la verité de l'Histoire des Auteurs Orthodoxes de l'Eglise qui en ont écrit.

PAR J. C.

APrés la Mort & Passion,
Aprés la Résurrection,
De Jesus au Saints Cieux monté,
Plusieurs furent de grande bonté
De mœurs & de Religion,
Aprés la prédication,
Des Apôtres de Jesus-Christ,

Ouvrirent a Dieu leurs esprits,
Et beaucoup devinrent croyans,
De vieux de jeunes & d'enfans,
De grands de Dames, & pucelles,
Par tout en alloit les nouvelles,
Tant qu'une petite pucelle,
Qu'on appelloit Marguerite,
En abjurant la Loy payenne,
Voulut devôte être Crêtienne,
Et pour se faire baptiser,
Pour Jesus-Christ seul épouser,
Lui voüant sa virginité,
Ce fut d'Antioche Cité,
Et la fille Dædisien,
Grand Sacrificateur payen,
Payenne étoit aussi sa Mere,
Qui l'aymoit fort & tenoit chere,
Elle étoit vertueuse & sage,
Belle de corps & de visage.

　　Jeune orpheline demeura,
Sa nourrice la gouverna,

Et lui apprit en son enfance,
La sainte Loy & la créance,
Sans orgueil étoit sans vice,
Sous la grace de sa nourrice,
Elle étoit vétuë pauvrement,
Mais de corps beau parfaitement,
Les yeux luisans & luisante face,
Comme celle qui de la grace,
Du vray Dieu seul étoit remplie,
Et n'avoit d'autre amour envie,
A le servir mettoit sa cure.

Or un jour vint d'aventure,
Qu'elle alloit les brebis paissant,
Olibrius par là passant,
Seigneur du païs s'arrêta,
Au visage la regarda,
Ne prenant garde au vêtement,
Mais au corps beau parfaitement,
A droite & de belle stature,
De sa beauté eut soin & cure,
Outre passa mais sans séjour,

Tant fut épris ſon amour ,
Qu'il fit devant lui venir ,
Pour la mener à ſon plaiſir ,
Etant devant lui preſentée ,
Il la ainſi interrogée ;
Qui êtes vous & de quels gens ,
Dites-moi qui ſont vos parens ,
Qu'elle eſt la Loy que vous tenez ,
Et le Dieu que vous adorez ?
Croyez-moi vous ſerez ſage ,
Je vons prendrai en mariage ,
Si vous y voulez conſentir ,
Et ſi ſçavez bien ſans mentir ,
Que ſi à ce vous diſcordez ,
Et à moi vous ne conſentez ,
Vous en ſouffrirez tel martyre ,
Si grief que l'on ne puis dire ,
  Elle répondit bien adviſée.
Marguerite je ſuis appellée ,
Je croi en Dieu le Tout-puiſſant ,
Qui tous les ſiens de mal défend ,

Et en Jesus-Christ son seul Fils,
Qui nous sauva de grands perils,
Où nous étions par le peché,
Que fit Adam le dévoyé,
Je suis Chrétienne baptisée,
A Jesus-Christ suis épousée,
Je ne veux autre amy avoir,
Si vous desirez le sçavoir,
Je suis servante de Jesus-Christ,
Qui pour nous en la Croix souffrit.

  Il répliqua tu n'est pas sage,
Si tu mets en lui ton courage,
Que les Juifs le mal-traiterent,
Et aprés le crucifiérent.

  Elle répond ce fut folie,
Tout leur gent en fut perie,
Et quand il eut vû qu'elle étoit,
Ferme en son cas & persistoit,
A peu qu'il ne se voulut pendre,
Alors fait la pucelle prendre,
Et mettre en prison bien ferméé,

Et quand ce vint l'autre journée,
Devant lui la fait ramener,
Tâchant son courage changer.

Lors il lui dit entens à moy,
Laisse ton Dieu & prens ma Loy,
Autrement t'en repentiras,
Car plusieurs tourmens souffriras,
Et aprés au feu seras brûlée,
Et puis ta cendre au vent jettée,
La Vierge répond briévement,
Si mon corps tu mets en tourmens,
Mon ame sera bien-heureuse,
En mon Dieu je suis assurée.

Quand parler ainsi l'entendit,
Il crut enrager de dépit,
Et commanda que toute nuë,
De dure verges fut bartuë,
Tellement que devant & derriere,
Il n'y demeura peau entiere,
Lors saillent sus, & plus n'entendent,
Et en haut toute nuë la pendent,

Et sa chair blanche delée,
Ont tant battuë & détranchée,
Qu'en tout son corps n'avoit peau
    saine,
Mais aussi que d'une fontaine,
S'en va le sang à val courant,
Et tellement la vont battant,
Que ceux qui à l'entour étoient,
Plus regarer ne la pouvoient,
Pour le sang qui d'elle distilloit,
Et la douleur qu'elle souffroit.
    Olibrius tout plein d'ardeur,
Plus qu'un Lion en sa fureur,
Lui écria sœur Marguerite,
Ecoute-moi plus ne m'irrite,
Croy moy fait ma volonté,
Encore peux-tu revenir en santé,
Et ceux qui étoint à l'entour,
Lui disoient tous croy le Seigneur,
Croy le donc tu seras sage,
C'est un riche Mariage,

Que ce Seigneur t'offre & presente,
Ne perds pas ainsi ton enfance,
Ny ta jennesse par folie ,
Sauve ton corps, sauve ta vie,
Ah , ah ! dit-elle folle gent,
Si me voyez en ce tourment,
Le Seigneur Dieu qui me guide,
N'est-il pas toûjours à mon aide,
De grande folie êtes menez ,
Vous qui tel conseil me donnez,
De perdre pour nôtre Seigneur ,
La grace de mon Créateur,
Si mon corps est icy en tourmens ,
Mon ame ira assurément ,
En Paradis, c'est mon dessein,
Pour-tant ce martyre ne crains,
Laissez vôtre folle créance ,
Ayez en Jesus-Christ confiance ,
Qui donne joye à ses amis,
Et les met en son Paradis,

Autrement si en lui ne croyez ,
A jamais damnez vous serez :
Je n'écoute de tous vos dits ;
Car avec moi est Jesus-Christ.

Et ainsi qu'elle remontroit ,
Au peuple qui present étoit ,
Olibrius qui present étoit ,
De plus en plus la tourmente ,
Aux Tyrans , dit qu'on la dépende ,
Et qu'en la chartre on la décende ;
Ils la dépendent & la menerent ,
Et de la tourmenter se peinent ,
Pour faire au gré de leur Seigneur ,
Elle entre en tourment & douleur ,
A la porte de la chartre & venuë ,
Toute sanglante & toute nuë ,
Avant que d'entrer dedans s'encline
Du signe de la Croix se signe ,
En cette chartre on l'avale ,
Fort y fait noir obscur & pâle ,
Quand le lieu vit noir & obscur ,

Cela lui fut au cœur grief & dur,
Ne se peut tenir de pleurer,
Quand ceans lui convint entrer,
Quand elle fut dedans entrée,
En terre c'est prosternée,
A deux genoux dévôtement,
Dieu reclamoit humblemeut,
Disant, aydez-moi mon Dieu,
Car tant est horrible ce lieu,
Que je ne sçait en quel lieu je suis,
Je n'ai ma confiance en autruy,
O Dieu vous m'avez toûjours gardée
Or suis-je grandement blessée,
Et tourmentée laidement,
Conseillez-moy promptement,
Et si m'octroyé par vôtre grace,
Que celui voye en cette place,
Qui ainsi méfait sans-cesse,
De plus en plus me tourmente,
Et quand elle eut fait sa priere,
Subitement une luniere,

Se presenta dans la prison,
Lors avisa un fier Dragon,
Dedans le cachot où elle étoit,
Qui par la guelle feu jettoit,
Par les yeux & par les oreilles,
La tête avoit grosse à merveille,
Les yeux il avoit grands & creux,
A merveille il étoit affreux,
De la puanteur de son haleine,
Etoit la prison toute pleine,
Quand à elle le vit venir,
Soufflant ne sçeut que devenir
Et si ne s'osoit remüer,
Le Dragon ne peut achever,
Mais elle prend en Dieu confiance,
Et l'invoqua sans demeurance,
Vray Dieu qui avez formé le Paradis,
Et d'enfer avez ôtez vos amis,
Gardez mon corps de cette bête,
Qu'elle ne me fasse aucun moleste,
Quand elle eut son Oraison finie,

Elle s'eft de la Croix munie,
Alors le Dragon difparut,
Et lui fembla que foudain fût,
Iffuë de fon ventre fainte,
De l'amour de Dieu plus certaine,
Qui n'avoit été auparavant,
Joyeufe elle va Dieu loüant,
Et puis le Tyran infenfé,
Et tout furieux à penfé,
De faire le peuple amaffer,
Et à fait la Vierge avancer,
Devant lui rigoureufement,
Il lui à dit publiquement,
Penfe à-ton cas, & entens moi,
Laiffe ton Dieu, & prens ma loy,
Autrement te ferai mourir,
Et en tourmens tes jours finir.

Elle répond que par menace,
Ni pour tourmens qu'on lui faffe,
Son Créateur ne laiffera ;
Mais toûjours en lui croira,

Alors quand si ferme la veuë,
La fait dépouiller toute nuë,
Charbons ardans fait apporter,
Dont les côtez lui fait brûler,
Puis lui a dit qu'elle le creût,
Laissât son Dieu & qu'au sien crût.

Elle répond que non feroit,
Pour tout l'Or qui au monde étoit,
Alors se prit à forcener,
Un vaisseau à fait amener,
D'eau bouillante le fait emplir,
Pour dedans la faire bouillir,
Mais lui à fait premierement,
Lier les pieds & mains fermement,
Quand à été dedans jettée,
De prier Dieu ne s'est oubliée,
Puissant Pere de tous les Chrétiens,
Par sa vertu romps ces liens,
Desquels sortir pas je ne puis,
Si vôtre saint Non n'est mon apuy,
Et ayant fait son Oraison,

Terre trembla à l'environ,
Le Ciel s'ouvrit foudainement,
Duquel un Ange visiblement,
Une Couronue lui a apportée,
Qui lui à sur le chef posée,
Puis lui à dit viens ma mie,
Tu auras perdurable vie,
Ne t'ébahis sœur Marguerite,
Car Dieu t'ayme d'amour délite,
Ayez en Dieu bonne confiance,
La Courronne en est l'assurance,
Qui t'est par moi de Dieu donnée,
Pour tôt être au Ciel couronnée,
Et quand l'Ange lui eut ce dit,
Incontient s'évanoüit,
Et s'en alla hors de ceans,
Alors rompirent les liens,
Et de la mort fut garentie,
Et n'eut plus de mal, mais affranchie,
Elle fut par son époux Iesus,
Le Tyran demeura confus,

Ca

Car la vit sortir toute saine,
La chose est toute certaine,
Que ceux qui à l'entour étoient,
La gloire de Dieu voyant,
Commancerent à s'étonner,
Et à Dieu loüanges donner,
Plusieurs milliers en Jesus-Christ,
Crurent de cœur d'ame & d'esprit,
Et pour eux pria la Pucelle,.
    Olibrius oüit la nouvelle,
Du peuple qui fut converti,
Dont il eut le cœur marry,
De rage & de cruauté,
De hors les murs de la Cîté,
Les commanda tous amener,
Un à un les fit décoler,
Ayant ce Martyre fait faire,
En la Vierge il le veut parfaire,
Et qu'on l'amene promptement,
Au suplice cruellement,
Pour soudain être décolée,

Car l'argent elle avoit prêché,
A croire à un Dieu Jesus-Chrift,
Et lors un Sergent la prit,
Que fans plus long-tems contefter,
Lui veut d'un coup la tête ôter,
Mais la Vierge fi lui requit,
Qu'atendre un peu s'il vouloit,
Qu'elle eût fait fon Oraifon,
Et voyant que c'étoit raifon,
Il lui répondit de fon bon gré,
Et lui dit fait ta volonté.

   Humblement s'eft agenoüillée,
Son Oraifon à commancée,
Seigneur Dieu qui formés le monde,
Et rond, le Ciel la Terre & l'Onde,
Qui donna borne à la Mer,
Sans qu'elle puifle fe déborder,
Et en nul tems outre-pafler,

   O Jefus-Chrift mon Redempteur,
Chacun vous doit porter honneur,
Vous loüer, craindre & fervir,
Car pour nous avez voulu fouffrir,

En la presence de vôtre Mere,
Mort & Passion trés-amére,
Et au tiers jour ressusciter,
Et puis au Ciel monter,
Pour nous ouvrir vôtre Paradis,
Du quel étions tous interdit,
Pour le pechez de nos parens,
Humblement grace je vous rends,
Des biens que m'avez fait en ma vie,
Et de plus je vous supplie,
Que mon ame veille admettre,
Et en vôtre Royaume la mettre,
Et que veille preserver,
Des lacs de l'ennemi d'enfer,
Par le martyre & tourmens,
Et la mort qu'endurer j'artends,
Ayez pitié de ces gens icy,
& leur faites pardon & mercy,
Car ils ne sçavent ce qu'ils font,
Pareillement ceux qu feront,
Memoire de vôtre Passion,

Demande leur remiſſion,
Confeſſant leurs iniquitez,
Et les gardez d'advérſitez.
   Quand la Pucelle conſolée,
Et eut ſon Oraiſon terminée,
Une voix du Ciel deſcendit,
Qui lui a répondu & dit,
Dieu a oüi ton Oraiſon,
De tes pechez tu as pardon,
Reçoit l'aide de ton Martyre,
Dieu le veut comme tu le deſire.
Les Anges ont été tranſmis,
A la porte de Paradis,
Alors au bourreau elle a dit ;
Qu'il fit d'elle à ſon plaiſir,
Et qu'il en avoit bon loiſir,
Le chef baiſſé le col étend,
Et lui fier plus n'y attend,
En un coup la décolée,
Et l'Ame droite s'en eſt envollée,
En Paradis dont eſt concierge ;

La Sainte & bien-heureuse Vierge.

Or est infinie Marguerite,
Dont icy sa vie écrite,
Les Anges l'emporterent chantant,
Et nôtre Seigneur Dieu loüant,
Qui beaucoup honnore ses amis,
Et couronne en son Paradis,
Ceux qui font son commandement,
Tant qu'il font corporellement,
En ce monde tant plein de vices,
Tant plein d'erreurs & de malice.

Addition.

Theodimus fut un prud'homme
Qui lui livroit en la prison,
Pain & eau dont elle vivoit,
Et de jour en jour écrivoit,
Pour l'honneur de Dieu sans mentir,
Ce qui lui voyoit advenir,
Lors tous Chrêtiens baptisez,
Cette nuit furent assemblez,
Et remirent avec le corps,

Le chef qui fut coupé dehors,
Qui attend vôtre saint Esprit,
Et puis aprés secretement,
L'ensevelirent honnêtement.
Puis la Passion envoya,
Par attrait de tems ça & là,
Aux Eglises & dévots lieux,
Et lors eussiez vû jeunes & vieux,
Venir pour guerison avoir,
Du mal & santé reçevoir,
Lesquels pour vrais s'en alloient,
Tous sains quand ils s'en retour-
noient.

FIN.

ORAISON PARTICULIERE

& de trés-grande dévotion à Sainte
Marguerite pour les femmes enceint. &

Heureuſe ſainte Marguerite,
digne Vierge de Dieu benite,
Je vous ſuplie Vierge honnorée,
Noble Martyre bien heureuſe,
Par vôtre pieuſe Paſſion,
Et à vôtre glorification,
Que veille pour moi Dieu prier,
Et doucement le ſupplier,
Que par pitié il me conforte,
Les douleurs qu'il faut que je porte,
Et ſans peril d'ame & de corps,
Faſſe mon enfant ſortir hors,
Sain & ſaine que je le voye,
Baptiſer à bien & à joye,
Et ſi de vivre il à eſpace,

Il lui donne son amour & sa grace,
Et que si saintement le serve.
Que la gloire des Cieux déserve,
Ainsi soit il.

*Antienne de l'Eglise pour Sainte
Marguerite.*

Venez épouse de Jesus-Christ re-
cevoir la couronne que le Seigneur
vous à preparée éternellement.

Oraison.

O Dieu qui entre tous les miracles
de vôtre puissance, avez aussi
conferé la victoire du martyre au
sexe fragile, propice, concedez-nous
qu'honorant la Nativité de la bien-
heureuse Vierge & Martyre Sainte
Marguerite, nous puissions à son
exemple cheminer & parvenir à vous
Par nôtre Seigneur Jesus-Christ ,
qui vit & regne avec vous en l'uni-

té du saint Esprit éternellement.
Ainsi soit-il.

Oraison à Dieu quand une femme est en travail d'enfant.

SEigneur Dieu, Pere Celeste; Créateur & Conservateur de tout le genre humain, & generallement de toutes choses, comme par vôtre bonté & benignité admirable, vous avez épargné l'homme en sa premiere & épouventable cheute, par laquelle il avoit merité, non seulement d'être aboly du tout de dessus la terre, mais d'être jetté soudainement en ruine éternelle. Si est - ce Seigneur ? que comme vous avez montré envers lui les vrayes témoignages de vôtre grande misericorde en le laissant encore vivre & multi-

plier & même joüir des biens que
vous lui aviez donnez devant qu'il se
fût revolté de vôtre grace que vous
avez montré quant & quant que vôtre misericorde est toûjours accom-
plie.

De ceci vous nous en proposez un
vray portrait premierement en vo-
tre parole, puis en l'effet & accom-
plissement d'icelle, comme nous l'ex-
perimentons journellement ; car au
lieu que l'homme pouvoit vivre sans
aucune peine de son corps & travail
d'esprit, il faut que maintenant il
souffre une infinité de labeurs & de
soucis pour manger son pain à la
sueur de son visage, comme vous lui
avez enjoint. Pareillement aussi comme la femme eût enfanté sans nul
angoisse ni pensement de son esprit
& sans sentir aucune douleur en sa

perſonne, il faut maintenant par le contraire qu'elle reſent enſon corps & enſon eſprit, le poids & vertu de cette parole que vous avez dit à Eve, aprés qu'elle eut induit ſon Mary à tranſgreſſer l'ordonnance que vous leur aviez donnée : à cauſe de quoi la poſterité eſt renduë coupable du Jugement de vôtre Juſtice, toûtefois Seigneur, nous ne nous plaignons pas de vous comme ſi nous étions dénüez de vôtre miſericorde & accablez de vôtre Juſtice, car nos pechez ſont cauſe de nos maux, pour leſquels à bon droit vous nous avez impoſez telles charges, voire inégalles au fortfait pour leſquels nous avons merité Jugement.

Toutes fois Seigneur, d'autant que de tout tems vous vous êtes montré plus enclin à faire miſericorde que non pas à exercer la rigueur de vôtre juſtice.

D'autant plus avons nous occaſion d'eſperer en vos promeſſes, leſquelles ſont toutes pleines de vôtre miſericorde pour cette cauſe Seigneur nous vous prions qu'il vous plaiſe adoucir maintenant ce memorial de la premiere tranſgreſſion, en vôtre créature laquelle travaille en grande angoiſſe & danger (ſinon que vous envoyez vôtre grace ſur elle) pour enfanter le fruit telle qu'il vous à pleu quel conçût.

Veillez lui donc donner bonne & heureuſe délivrance ſoyons tant plus conformez, que vous preſidiez ſur toutes les langueurs & détreſſes : & que vous avés puiſſance de les chaſſer & amortir du tout pour en délivrer ceux qui en ſont oppreſſez, délivrez

doncques , Seigneur cette pauvre
femme auſſi opreſſée de ſes violentes
douleurs & lui donner force & courage pour être remiſe à ſauveté avec
ſon fruit.

Et comme vous êtes le Protecteur
des voſtres dés le ventre de leur mere
qu'il vous plaiſe avoir maintenant
cét enfant en vôtre protection , afin
que les dangers de morts deſquels lui
& ſa mere ſont environnez n'empê-
chent pas que vous ne les délivriez
pleinement de tous dangers , Seigneur ſoulagez donc cette pauvre
mere en ſes douleurs ſi extrêmes &
uſez plûtôt envers elle & ſon fruit de
vôtre miſericorde , que du Jugement
qu'eux & nous tous avons merité.

Prenez auſſi l'enfant Seigneur &
le conduiſez & tirez hors de ces d'é-
troits , afin qu'il puiſſe voir en joye

& bonne profperité les parens qui
l'ont engendré, & joüir de vôtre
clarté & de toutes vos autres gra-
ces & qu'eux & nous tous, nous
pu ffions réjoüir en vous, de vôtre
affiftance & faveur envers nous, &
vous en remercier. Nous vous
prions auffi Seigneur, qu'il vous
plaife nous faire connoître nos fau-
tes quand nous fommes oppreffez,
où voyons l'oppreffion de nos pro-
chains, afin de nous humilier devant
vous, fachant que tous nos maux
font témoignage de vôtre juftice,
fur nos forfaits, de nôtre injufti-
ce & iniquité, pour laquelle vous
nous affligez injuftement, ayant
neanmoins égard à vôtre bonté &
mifericorde & à nôtre foibleffe &
de bonté, en exerçant vos juftes
jugemens, & paternelles correc-

tionsſur nous à voſtre gloire & noſtre
ſalut, & à l'édiſication de toute vôtre
Egliſe.

Exaucez-nous Divin Sauveur, comme étant nôtre Pere & pour l'amour
de vôtre bien aimé Fils Seigneur
Jeſus-Chriſt.   Ainſi ſoit-il.

FIN.